LE CONVENTIONNEL

RENÉ LEVASSEUR

PAR

Linus LAVIER

Rédacteur à *La Sarthe*

PRIX : 75 CENTIMES

LE MANS

IMPRIMERIE E. CHAMPION, 3, RUE BOURGEOISE

1876

LE CONVENTIONNEL

RENÉ LEVASSEUR

LE CONVENTIONNEL

RENÉ LEVASSEUR

Par Linus LAVIER

Rédacteur à *La Sarthe*

PRIX : 75 CENTIMES

LE MANS

IMPRIMERIE E. CHAMPION, 3, RUE BOURGEOISE

1876

Malgré trois quarts de siècle écoulés, malgré la diversité et l'importance des événements qui se sont produits pendant cette période relativement longue, la Révolution Française n'appartient pas encore à ce que l'on nomme le passé. Dans les livres, dans la presse, à la tribune on l'étudie, on la commente. Par la plume et par la parole on lutte pour elle et contre elle avec une ardeur que rien ne lasse ni ne refroidit, et de nos jours elle présente encore tout l'attrait de l'actualité, grâce à ce travail constant où la passion l'emporte encore sur la curiosité.

Au point de vue politique, philosophique même, il est bon, il est utile d'arrêter souvent ses regards sur cette époque, unique dans l'histoire, où l'humanité, dans une crise douloureuse mais grandiose, entre dans une phase nouvelle ; où se révèlent à la fois et des sentiments et des caractères.

Mais pour tirer quelque fruit de cette contemplation, il faut se dégager d'abord de tout esprit de parti et s'attacher surtout à considérer l'ensemble et les résultats. Si l'on veut apprécier comme il convient ce nouvel ordre de choses, il faut se placer moralement à une juste distance, de façon à n'être point trop vivement impressionné par le souvenir des catastrophes et même des crimes au prix desquels il a été acheté et chèrement acheté. Il faut ne point s'égarer dans les détails et ne point tenter de faire revivre trop exactement les acteurs de cette grande tragédie. Tous, à peu d'exceptions près, ne peuvent qu'y gagner; comme ces statues que l'on aperçoit se profilant à l'horizon et dont on apprécie les contours indécis et noyés dans un certain vague, de sorte que l'on n'est point choqué des défectuosités que l'éloignement empêche de remarquer.

Agir autrement, vouloir palper la réalité, c'est s'exposer à bien des mécomptes, à la perte de bien des illusions. Il est souvent fort imprudent de jeter bas les voiles de l'idole et de l'envisager de trop près.

Ce qui vient de se produire au Mans est une preuve de ce que nous disons.

Depuis plus de quarante ans dormait ici dans sa tombe un conventionnel : René Levasseur (de la Sarthe) qui, favorisé par les événements, avait été amené à jouer un certain rôle pendant la Révolution et qui jusqu'au bout inflexible ou plutôt implacable, a attaché son nom à toutes les œuvres qui feront à jamais la Convention grande, mais surtout à tous les actes qui la feront à jamais haïssable.

Le silence s'était fait autour de ce nom, et il y avait dans ce silence peut-être plus d'indulgence que d'oubli.

Des imprudents, qui sans doute n'avaient pas pris la peine d'interroger l'histoire et se sont contentés de traditions intéressées, se sont levés et en demandant réparation pour une mémoire, qui ne peut que souffrir du bruit que l'on fera autour d'elle, ils ont réveillé l'attention, fait évoquer les souvenirs et invité à la discussion.

Nul ne s'est trompé sur l'intention. Il s'agit avant tout et même uniquement de glorifier une époque sous le couvert d'un nom, de ressusciter un certain passé pour faire accepter le présent et peut-être pour préparer à un certain avenir. Ce qui rassure, c'est que les pygmées ne sauraient jamais rivaliser avec les géants et que, lorsque témérairement, ils veulent continuer une œuvre, ils ne peuvent que la parodier platement.

Ceux qui essaient aujourd'hui de placer leurs pieds mal affermis dans la trace des pas des Conventionnels, auraient en tout cas dû choisir un autre modèle et ils auraient été bien inspirés en ne remettant pas en lumière le nom de Levasseur (de la Sarthe).

Lorsqu'en effet, on étudie ce caractère ; que l'histoire en main on le soumet à l'analyse, on éprouve un invincible sentiment d'antipathie, même en faisant une large part à ce qu'il pouvait avoir de bon ou plutôt d'appréciable. Même en lui tenant compte de certains actes louables — nous en pourrons compter jusqu'à trois — la balance est loin d'être égale et, au milieu de ce groupe des Conventionnels, si étrange que l'on ne sait comment le qualifier, tant on y trouve un mélange inexplicable de vices et de vertus, d'iniquités et d'héroïsme, la figure de René Levasseur se détache avec un relief sinistre.

Pour étudier cette physionomie spéciale, autour de laquelle se sont accumulées, dans notre pays, des légendes qu'il importait de ramener à la vérité, en les dépouillant de toute exagération, nous avons tenu à puiser à des sources sûres.

La tâche nous a été relativement facile. L'obligeance d'un collectionneur aimable et savant — qualificatifs qui ne vont pas toujours de pair — nous a permis de glaner dans un ensemble de lettres autographes et en partie inédites de Levasseur ; tout le monde peut se procurer la collection du *Moniteur ;* enfin, en même temps que nous consultions les ouvrages historiques intéressant la matière, nous lisions et compulsions avec un soin extrême les propres

Mémoires de l'ex-conventionnel. C'est là une autorité que, pensons-nous, ses partisans les plus convaincus ne récuseront pas.

Ces *Mémoires* eux-mêmes ont une histoire et on nous permettra de la dire en quelques mots d'autant mieux que, jaloux de faire acte d'impartialité, c'est à eux que nous avons emprunté la plupart des renseignements utilisés dans cette esquisse historique.

C'est après 1815, alors que, proscrit comme régicide, il avait cherché refuge d'abord à Cologne, puis à Bruxelles, que Levasseur prit la plume et écrivit quatre volumes pour sa justification.

Si nous étions en veine de réminiscences classiques, nous pourrions dire fort justement

Ses malheurs n'avaient point abattu sa fierté.

Tel, en effet, il s'est montré sur la crête de la Montagne admirant et défendant Marat, votant constamment avec Robespierre, le dépassant quelquefois dans la voie révolutionnaire, tel nous le retrouvons dans ces pages écrites cependant à un âge où en général ceux que la mort a respectés ont senti leurs passions s'apaiser, et qui, mûris par l'expérience et la réflexion, méritent au moins l'indulgence en confessant leurs erreurs et leurs entraînements.

Lui, ne désavoue rien, et il ne dissimule pas que ne regrettant aucun acte de sa vie publique il serait prêt, si les circonstances se représentaient, à en encourir de nouveau la responsabilité.

Les deux premiers volumes publiés en 1829 sous ce titre : *Mémoires de R. Levasseur (de la Sarthe) ex-conventionnel*, parurent chez Rapilly, libraire à Paris, passage des Panoramas, et étaient précédés d'une introduction signée Achille Roche, publiciste qui avait plus d'exaltation que de talent et prenait, pour les besoins de la cause, la modeste qualification d'éditeur.

L'ouvrage appela l'attention du parquet, et ceux à qui incombait la responsabilité de la publication furent déférés au tribunal correctionnel de la Seine. Les chefs d'accusation étaient au nombre de trois :

Outrages à la morale publique.

Attaques à la personne du souverain et au principe de la souveraineté.

Outrages à la religion de l'Etat.

Quoi que nous ayons sous les yeux un compte-rendu très-fidèle du procès — certains extraits faits avec art ont été d'ailleurs placés à la fin du dernier volume des *Mémoires* — nous ne ferons d'emprunt ni au réquisitoire ni aux plaidoiries. Les nombreuses citations que nous serons amené à faire nous en dispensent ; il nous suffit d'enregistrer la sentence intervenue.

Le libraire Rapilly fut condamné à 300 francs d'amende, Achille Roche à la même peine et à quatre mois de prison. Tous deux, comme d'usage, solidairement aux dépens. Ce jugement fut confirmé en appel.

Les deux derniers volumes de l'ouvrage publiés par le fils de l'auteur, M. Francis Levasseur, furent édités en 1831 par Levasseur, libraire au Palais-Royal. Ils n'eurent point à subir les mêmes vicissitudes que leurs aînés, mais aussi faut-il remarquer que le ton a quelque peu baissé ; l'apologie est plus voilée, les appréciations sont plus modérées et un certain nombre de faits difficiles à expliquer et surtout à excuser sont prudemment passés sous silence.

Ajoutons, pour en finir avec ces détails qui peuvent en tout cas intéresser les bibliophiles, que si les exemplaires des deux premiers volumes, saisis et détruits par arrêt, sont devenus assez rares, il en a été publié deux éditions en langue française, l'une à Londres et l'autre à Bruxelles.

On vient de voir ce que les tribunaux pensaient de l'œuvre ; veut-on maintenant avoir sur son auteur l'opinion d'un esprit fin, délicat, généralement peu sévère et dont le nom a conquis le privilége de n'être plus discuté.

Dans une lettre adressée au conventionnel Jean Debry, Charles Nodier s'occupant des *Mémoires* écrivait :

« Levasseur n'a pu se montrer que ce
« qu'il était sur la crête de la Montagne,
« que ce qu'il est resté dans le monde,
« c'est-à-dire un patriote de bonne foi
« mais un sophiste hargneux, entêté et ba-
« vard, aux vues étroites, à âme sèche,
« préoccupé par obstination plus que par
« sentiment des théories extravagantes et
« déplorables qui ont tué la Républi-
« que. » (1).

Il est impossible de rendre en moins de lignes un meilleur jugement. Ceux qui, sans parti pris d'aucune sorte, liront les *Mémoires* de l'ex-conventionnel, en ne se laissant prendre ni à l'emphase, ni au ton déclamatoire de l'époque, reconnaîtront l'absolue justesse de l'appréciation et seront même tentés de la trouver par trop adoucie.

Le portrait, en effet, est incomplet, il y manque quelques traits et des plus caractéristiques ; l'étude des actes de Levasseur nous les fournira.

Nous trouverons en lui un homme d'un certain courage, celui du soldat qui sait s'exposer au feu, c'est Dieu merci une qualité commune en France, et sa probité, au point de vue de l'argent, sortira intacte

(1) *Causeries d'un curieux*, par Feuillet de Conches, tome IV, page 45.

de l'examen. Mais nous verrons aussi une sorte de maniaque exalté pour qui la terreur est le meilleur et le plus licite moyen de gouvernement; un homme qui ne reculera devant aucune des conséquences, aussi terribles qu'elles soient, de ses théories, et qui, se grisant selon la mode du temps avec les exemples et les noms de l'antiquité, jouera au Brutus et au Caton et foulera aux pieds jusqu'aux liens de l'amitié, jusqu'aux lois de la reconnaissance pour livrer des victimes au bourreau.

I

René Levasseur était né au Mans, le 27 mai 1747, de Gabriel Levasseur, tailleur d'habits, comme nous l'apprend son extrait de baptême, et il avait fait avec un succès moyen ses études au collége de cette ville, dirigé alors par les prêtres de l'Oratoire. Dès alors, celui qu'à la tribune de la Convention on devait appeler « un éternel prédicateur de révoltes » s'était révélé et son caractère indiscipliné le fit chasser honteusement de cette maison d'éducation.

Il était alors en troisième, et le père Fontanelle, appelé à donner à la fin de l'année scolaire, (ceci se passe en 1762), des renseignements sur ses élèves, écrivait dans la liste qu'il dressait : *Renatus Levasseur abiit, indocilis mense maio* (1).

On peut dire que lui au moins était, de bonne heure, bien jugé en son pays.

Lorsqu'il eût pris ses degrés, il revint au Mans exercer la profession, de pharma-

(1) *Les députés de la Sarthe à la Convention*, par M. Henri Chardon.

cien d'abord, puis de chirurgien-accoucheur.

Les idées nouvelles qui, avant de tout bouleverser dans une terrible explosion, minaient sourdement le trône et les institutions, ne rencontrèrent nulle part un partisan plus empressé et plus ardent. On eut dit qu'il pressentait qu'il aurait un rôle à jouer dans le drame qui se préparait, car, pendant les années qui précèdent la Révolution, il mit tout en œuvre pour sortir de la foule, pour se placer en évidence et par deux fois il réussit à se faire nommer officier municipal.

Le 18 juillet 1789, on apprit au Mans, par les dépêches et par les voyageurs qu'amenait la diligence, que la populace de Paris venait de se ruer sur la Bastille, s'était emparée de la forteresse et avait, pour porter en triomphe le marquis de Sade, détruit « ce monument de la barbarie » qui, en l'espace de vingt ans, ne récéla jamais derrière ses murs autant de victimes que le régime suivant n'en entassait en huit jours à la Conciergerie, — encore ne sortait-on de celle-ci que pour aller à la guillotine.

A la nouvelle de cet événement, grossi à dessein, Levasseur provoque une émeute. Secondé par quelques jeunes gens turbulents, avides de toute agitation et déjà habitués à le regarder comme leur chef, il tente sur la place des Halles une manifestation, voulant obliger, même à l'aide de violences, les habitants à crier : « Vive la

Nation ! » et à arborer la cocarde dont se paraient les vainqueurs des faubourgs. Mais l'autorité n'était pas encore désarmée et le lieutenant de la maréchaussée, M. Guilly de la Masuère, fit incarcérer Levasseur avec une vingtaine de ses compagnons de désordre.

L'affaire n'eut pas de suites et tous furent bientôt relaxés, avertis d'ailleurs par cette leçon que, si leur heure était proche, elle n'avait pas encore sonné.

Levasseur voulait être prêt pour ce moment, et, sentant qu'au jour de l'action il aurait besoin d'une armée, il organisa, de concert avec son ami Philippeaux, son collègue à la municipalité, comme on disait alors, un club où les orateurs improvisés rivalisaient en violences et en exagération démagogiques avec les réunions les plus exaltées de Paris.

Dès le premier moment, au reste, Levasseur s'était mis en relation avec le club des Jacobins, dont il devait être membre jusqu'au jour où ce conservatoire de l'émeute et de l'anarchie fut fermé par ordre de la Convention elle-même.

Tout d'abord la réunion avait pris pour enseigne la *Société des amis de la Constitution de Paris* et son affiliation avec le groupe avancé de Paris est établie par une lettre datée du mois d'avril 1790, et publiée par M. Chardon. En dehors de l'affirmation qu'elle nous permet de produire, cette pièce présente ce caractère particulier qu'on y emploie encore l'épithète de Monsieur et qu'elle est signée « de Robespierre, » qui alors n'avait pas encore renoncé à la particule.

Levasseur s'assurait ainsi une certaine influence au Mans, même auprès des autorités, qui, envisageant l'avenir, commençaient à compter avec ceux qui parlaient haut. Aussi, au mois de mai 1790, la ville ayant besoin d'aliéner une partie des biens communaux, il fut choisi pour aller à Paris régler cette affaire et obtenir les autorisations indispensables. Il mit ce séjour à profit pour suivre assidûment, pendant un mois, les séances de la Constituante.

Il est curieux de remarquer dès lors que tout en admirant certains caractères, Levasseur réserve exclusivement ses éloges aux plus fougueux, à ceux qu'il égalera et dépassera plus tard. Il trouve cette assemblée bien lente dans sa marche révolutionnaire.

Ce que l'on fait, ce que l'on indique vouloir faire, ne lui suffit pas et déjà il « considère comme une nécessité de rompre « tous les liens qui attachent la nation au « roi. »

L'obscur délégué manceau, confondu dans la masse des auditeurs, portait déjà en lui le *Montagnard* résolu, qui exempt de toute hésitation devait voter « la mort sans phrases. »

Sa mission remplie, il revint au Mans, plus ardent que jamais à la réalisation de ses idées. L'ambition qui l'avait mordu s'était encore accrue et il se lança à corps perdu dans les affaires publiques.

Il y éprouva quelques mécomptes, et plusieurs scènes qu'il est intéressant de relater, permettent de constater que s'il avait dans la ville une coterie d'amis et de partisans, il était loin d'être aussi populaire que veulent bien le dire certains panégyristes.

Vers la fin de 1790, une de ces émeutes qu'il était si expert à déchaîner éclata, mais cette fois, elle était dirigée contre lui. On l'accusait hautement d'avoir trempé dans une affaire d'accaparement de grains et d'avoir favorisé de tout son pouvoir, dans un but qui n'avait rien de désintéressé, la cherté des taxes.

Dans son exaspération, la foule, initiée jadis par lui aux pratiques de la capitale, ne parlait rien moins que de le mettre à la lanterne. Il fut, heureusement pour lui, arraché à temps des mains des forcenés.

Nous ignorons ce qu'il y avait de fondé dans les imputations de ses adversaires, et d'ailleurs, nous sommes loin de donner raison à la populace, dans ses velléités de justice sommaire; néanmoins, il importait de signaler le fait qui, du reste, n'est pas isolé. Quelque temps après, en effet, une seconde émeute faillit de nouveau lui être fatale. Celui qui sème le vent, récolte la tempête.

Levasseur avait provoqué la mise en

vente des cloches, du mobilier et des ornements précieux des églises. La population tenait surtout à conserver ses cloches et dans la rue, l'officier municipal, trop en avance sur ses concitoyens en matière de révolution, fut entouré et menacé par un grand nombre de gens dont l'attitude dénonçait à son endroit des sentiments peu bienveillants.

— Cette mesure vous est favorable, dit Levasseur, répondant aux reproches qui l'assaillaient, vous ne pouvez pas vivre de son.

La facétie n'eut pas l'effet attendu. Le Manceau, d'ordinaire, entend assez la plaisanterie, mais celle-ci fut mal accueillie, et un ouvrier, qui le serrait de près, riposta aussitôt :

— Nous prenez-vous donc pour des bestiaux, de nous parler de son pour vivre ?

En même temps Levasseur fut injurié, bousculé, frappé même, et ses vêtements furent lacérés. Il fit, dit un biographe sympathique à l'excès (1) : « bonne mine à « mauvais jeu, et se mit à chanter à haute « voix un couplet grivois sur la nécessité « des cloches. »

La foule, désarmée par ce couplet « grivois », se déclara satisfaite de cette amende honorable en musique, et cette fois encore il en fut quitte pour la peur.

Par une condition fatale et qui se repré-

(1) *Mémoires de Levasseur*, vol. I.

sente à toutes les époques semblables, à côté de son club s'était dressé un club rival où Levasseur et ses amis étaient attaqués avec une extrême violence. Plusieurs partis divisaient la ville et se disputaient le pouvoir. Il en est toujours de même en temps de révolutions, car enfin il ne peut jamais y avoir qu'un certain nombre de places et d'emplois à donner.

Tandis que les uns blâmaient, en la redoutant, son exaltation, les autres suspectaient ses agissements et lui reprochaient surtout les relations qu'il entretenait avec M. de Valence, colonel des dragons de Chartres, alors en garnison au Mans, qui avait été séduit par les premières manifestations des idées libérales.

Ce colonel Cyrus-Marie de Tymbrone, avait épousé une des filles de Mme de Genlis, dont le nom est resté en littérature pour marquer une des variétés du genre ennuyeux. Il servait ce parti hybride qui avait pour chef le duc d'Orléans, plus tard Philippe-Égalité.

Quoi qu'on en ait dit, Levasseur n'était entré en relations avec ce groupe que pour acquérir plus de puissance, ce n'était pour lui qu'un échelon destiné à être brisé sous son pied lorsqu'il serait arrivé à un degré supérieur. Mais, en homme habile, il voulait se ménager de l'appui et des sympathies un peu partout.

Seulement ce n'était déjà plus le temps des compromissions. Les camps étaient tranchés, et plusieurs fois les pavés de la cité faillirent être ensanglantés ; les haines étaient si vivaces, et l'on préludait si bien à la période qui allait s'ouvrir, que, sur la motion d'un énergumène du club qui se tenait dans la rue Saint-Victeur, la tête de Levasseur fut mise à prix dix-huit francs. On voit que si on le traitait en ennemi mortel, on l'estimait en réalité peu cher.

Levasseur, voulant échapper au péril de voir sombrer sa popularité, redoubla de violence dans les clubs, et il vint déclarer publiquement à la tribune que les officiers de la garnison étaient « d'odieux aristocrates. »

Sans nous appesantir sur ce qu'une pareille excitation aux mauvaises passions déjà si surexcitées, avait alors de dangereux, surtout venant d'un magistrat municipal, il est bon de remarquer, dans cet incident peu important en soi, avec quelle facilité Levasseur renie ses amitiés (1) et les jette à l'eau, pour employer une expression courante et imagée.

C'est, en effet, un trait saillant de son caractère et nous le retrouverons agissant avec la même désinvolture à l'égard de Danton, de Robespierre, de Philippeaux.

(1) M. H. Chardon, que nous avons déjà eu l'occasion de citer, n'hésite point à déclarer que Levasseur faisait au Mans le jeu de Philippe d'Orléans qui, alors encore, pouvait nourrir des espoirs imaginaires.

Non-seulement il avait le cœur sec ; mais son égoïsme l'a toujours fait trouver prêt à sacrifier tout à son intérêt personnel.

Afin d'augmenter encore cette popularité dont il était si avide parce qu'il fondait sur elle ses espérances ambitieuses, Levasseur fit organiser au Mans des ateliers nationaux — cette funeste institution qui a toujours produit le désordre en encourageant la paresse et les vices qui en découlent.

Ces escouades d'ouvriers qui formaient l'armée de l'émeute commencèrent en 1790 les travaux de la promenade dite du Greffier.

En même temps, soit par des écrits anonymes, soit par des discours dans les réunions populaires, Levasseur ne cessait de pousser la masse en avant et de prendre les allures et la situation d'un chef de parti.

Suivant fidèlement les mots d'ordre venus de Paris, il contribuait activement à l'installation au Mans d'un évêque constitutionnel et prononçait à ce sujet, en 1791. le jour de la fête de saint Julien, apôtre de la province, un discours d'une exagération étrange et qui peut être classé avec ceux qu'il débita plus tard sur des sujets analogues soit à la Convention, soit dans la chaire de l'église de Luzarches. Ses sentiments personnels se trouvaient bien d'accord au reste avec la tactique du parti qu'il servait ; et sa haine du prêtre, haine qu'il a professée toute sa vie et dont il a donné maintes preuves, y trouvait largement son compte.

Coiffé du bonnet de la liberté, c'est M. Chardon qui nous l'apprend dans une étude déjà citée, il dénonçait au club tous les prêtres, ainsi que les religieuses qui les accueillaient et animait contre eux le district dont il était devenu membre.

Il allait plus loin, et il provoquait dans la séance du 11 août 1792 le conseil général du district à prendre une mesure d'une rigueur excessive.

On décida que tous les prêtres qui n'avaient pas accepté la Constitution civile du clergé seraient enfermés dans les bâtiments de l'ancien couvent de la Mission. Deux cent soixante-dix neuf ecclésiastiques furent ainsi incarcérés et dans des conditions d'installation et d'insalubrité telles que plusieurs moururent après quelque temps. Ils couraient d'ailleurs des dangers plus immédiats ; presque tous les jours la populace qu'aucun frein ne retenait et qui était plutôt excitée sous main, venait assiéger les portes, insultant les prêtres détenus et proférant contre eux d'horribles menaces.

Des arrêtés définitifs de proscription furent pris contre ceux qui, obéissant à leur conscience, se refusaient à prêter le serment imposé.

Le 28 août, à la tête d'un corps de milice assez important, Levasseur vint en personne les extraire de leur prison. Il les rangea en troupeau entre deux files de soldats, faisant précéder et suivre le lugubre cortége de pièces de canon chargées à mitraille ; les mèches étaient allumées et l'attitude de ceux qui les conduisaient était bien faite pour donner tout à craindre aux malheureux. Ils furent conduits ainsi tout d'une traite jusqu'à Foulletourte où ils passèrent la nuit entassés dans plusieurs maisons et étroitement gardés par des gens qui ne cessaient de les invectiver. Le lendemain la troupe se remit en marche et ne s'arrêta qu'à la Flèche où les proscrits, qu'il n'entre point dans le cadre de notre récit de suivre dans leurs douloureuses étapes, furent remis aux mains de la garde nationale d'Angers (1).

Levasseur avait accueilli avec enthousiasme la nouvelle de l'insurrection du 10 août, qui sonnait le glas de la monarchie par la prise des Tuileries et les concessions de Louis XVI, obligé de traiter en vaincu.

Il en escomptait avec joie toutes les conséquences et la première, on le sait, fut cette orgie de sang que l'histoire appelle les « massacres de septembre ».

Dans ses *Mémoires*, écrits pourtant à un

(1). Lettre de M. Miriel-Bucy, vicaire de la paroisse de Saint-Jean-de-la-Chéverie, au Mans, datée de la Corogne 12 décembre 1792 et adressée à Mlle Courte, demeurant à Laval.

âge où ses passions devaient être refroidies, alors qu'il avait eu le temps de méditer et de réfléchir, il a pris à tâche d'excuser les cruautés inouïes de ces jours terribles, d'en expliquer la nécessité. Il n'ose pas ouvertement les exalter, mais il est loin de les flétrir, et à la façon dont il plaide les circonstances atténuantes, on sent qu'au fond du cœur il absout ces sinistres travailleurs de la Force et de l'Abbaye.

Ainsi il écrit : « Le dernier moyen de « salut qui restât, consistait à faire usage « des ressources qu'offrait l'anarchie et à « diriger contre nos ennemis la force bru- « tale qu'elle soulevait (1). »

Plus loin il dévoile encore mieux que par ces mots pourtant si bien significatifs « *à diriger contre nos ennemis* » combien ce déchaînement populaire entre dans ses moyens de gouvernement : « J'avouerai « que si les énergiques républicains qui « ont fait depuis le parti montagnard s'é- « taient réunis aux Girondins pour arrêter « le mouvement du peuple, sans doute nous « n'aurions pas eu à déplorer ces désas- « tres, mais aussi toute vie publique eût « été éteinte. »

Ainsi de son propre aveu, les gens avec qui il a pactisé toute sa vie auraient pu éviter à la nation cette tache sanglante, mais il comprend qu'ils ne l'aient pas fait,

(1) *Mémoires de Levasseur*, vol. 1.

il fait mieux, il les en loue, car il ajoute, parlant des massacres des prisons : « Tout « en les détestant, on n'en voua pas moins « une éternelle reconnaissance aux hom- « mes qui avaient entretenu la fièvre in- « surrectionnelle. »

Ces théories, il les soutenait au Mans, dans le club dont il était l'âme, d'où étaient parties les mesures révolutionnaires.

Levasseur allait, au reste, bientôt recevoir la récompense tant ambitionnée de ses excès démagogiques.

Le 3 septembre commencèrent les opérations électorales pour la nomination des représentants à la Convention. Elles durèrent dix jours et eurent lieu sous le coup de l'effroi produit par la nouvelle de ce qui se passait à Paris et dans plusieurs autres villes. Comme toujours, le parti modéré restait inactif, tandis que ses adversaires, exerçant partout la pression et l'intimidation, déployaient la plus grande énergie. Pour se convaincre que ces élections eurent lieu sous l'empire de la menace et de la corruption, il suffit de parcourir la collection des journaux de notre province à cette époque : *Le Défenseur de la vérité*, journal de Philippeaux ; le *Courrier de la Sarthe*, le *Patriote de la Mayenne*.

Les salles de vote furent en plusieurs endroits entourées de gardes nationaux triés sur le volet ; le mode de scrutin secret fut rejeté, et en certaines communes, à Mamers notamment, ceux qui s'étaient arrogé le titre de patriotes forcèrent les électeurs à présenter leurs bulletins ouverts.

Le résultat de ces élections, si étrangement conduites, fut connu le 13 septembre.

Levasseur était nommé.

Il avait pour collègues Richard, avocat à La Flèche ; François dit Primaudière, avocat à Sablé ; Salomon, de Sillé-le-Guillaume ; Philippeaux, avocat au Mans ; Boutroux, notaire à Grez ; Chevalier, cultivateur à Saint-Aubin ; Froger-Plisson, de Saint-Calais ; l'abbé Sieyès et Condorcet, qui fut remplacé par Le Tourneur, du Mans, après son option pour l'Aisne.

Le président du bureau proclama ces résultats, portant sur la tête un bonnet rouge que les dames démocrates de Saint-Calais étaient pompeusement venues lui offrir, puis eut lieu une fête patriotique qui, les libations aidant, ne tarda guère à dégénérer en émeute et se termina même par le pillage de quelques maisons de « riches ». Philippeaux lui-même, non suspect de dénigrement à coup sûr, a raconté ces manifestations de l'enthousiasme des vainqueurs.

II

Appelé désormais à jouer un rôle sur une scène plus vaste, Levasseur se montrera toujours, avec un degré de sombre énergie en plus, ce qu'on l'a vu dans sa ville natale. Sans hésiter, il va s'asseoir au point le plus élevé de la « Montagne » au milieu de ceux qui, masquant leurs desseins à l'aide de cette emphase révolutionnaire qui avait tout envahi : la phrase, l'attitude, le geste, avaient dès le début engagé cette terrible partie dont tant de têtes étaient l'enjeu.

Levasseur était *Montagnard* par nature, par tempérament ; le premier coup de tocsin de 1789 l'avait trouvé tout prêt. La révolution ne l'a point formé, et ce n'est pas par gradations successives qu'il était arrivé à des sentiments qui lui faisaient choisir sa place tout près de Robespierre, à deux pas de Marat.

Il fut l'ami du premier, à la politique duquel il s'inféoda entièrement, votant constamment avec lui jusqu'au jour de sa chute et le dépassant quelquefois, ainsi que nous le verrons, dans ses hardiesses révolutionnaires.

Quant au second, s'il témoigne quelquefois pour lui quelque mépris, c'est plutôt, on le sent, par rancune, en souvenir de quelque lutte de coterie, car il met toujours des restrictions à son blâme et l'accompagne souvent de quelque éloge.

Si l'homme ne lui plaît pas, il aime en lui le Montagnard, et, en plusieurs endroits de ses *Mémoires,* il commente les actes de « l'ami du peuple, » de façon à le faire absoudre et à adoucir le jugement sévère que l'histoire a porté sur lui.

Autant que possible, nous suivrons Levasseur pas à pas dans sa vie publique, si agitée, si tourmentée. Jusqu'au moment de son arrestation, décrétée par les Thermidoriens que ses idées effrayaient, elle se divise en deux parties : son séjour à la Convention, ses missions aux armées et dans le département des Ardennes, où il a laissé une mémoire maudite et détestée.

Mais, comme entre deux missions il revenait occuper sa place de législateur, comme il quittait même souvent les camps pour venir chercher des instructions auprès de Carnot ou prendre part aux travaux de la commission de correspondance dont il faisait partie, nous serons obligé, ainsi qu'il l'a fait du reste lui-même dans ses *Mémoires*, de ne pas nous astreindre constamment à suivre un ordre chronologique rigoureux. Le récit y gagnera en clarté.

Dès son arrivée à Paris, il s'était affilié au club des Jacobins, la grande puissance d'alors, et il se mêla activement aux orageuses discussions de cette réunion.

La première fois qu'il prit la parole à la Convention, ce fut au mois de décembre 1792, dans une question de subsistances. Il développa un projet en vertu duquel tout cultivateur était tenu de déclarer à l'autorité locale les récoltes fournies par les terres qu'il exploitait, et il sollicitait une loi qui forçât les propriétaires à vendre ces produits dans un délai fixé. Il compte, dit-il en terminant, *sur les dénonciations et les perquisitions à domicile*, pour assurer la sincérité des déclarations.

Quelles que fussent les nécessités du moment, c'était là, il faut l'avouer, une mesure assez peu libérale, et il n'y a pas lieu de s'étonner en voyant celui qui la proposait soutenir énergiquement plus tard la fameuse loi du *Maximum*.

Levasseur vota avec enthousiasme l'abolition de la royauté proposée par le « vertueux » Grégoire, ainsi qu'il l'appelle, car il était de mode, à cette époque, extrême en tout, de se décerner les épithètes les plus louangeuses. On espérait ainsi préparer à la postérité des appréciations qui n'ont été cependant admises que sous bénéfice d'inventaire.

Le premier pas était fait et bientôt

Louis XVI était mis en jugement. Dans la séance du 17 janvier, Levasseur (de la Sarthe) vota la mort, et répondant à la troisième question posée, il rejetait le recours au peuple pour ce roi ainsi condamné sans appel (1).

Nous ne voulons pas insister. C'est là un de ces actes que chacun juge avec sa conscience, mais, si on peut pardonner un tel vote à celui qui l'a émis, il y aurait cynisme à le glorifier.

Dans ses *Mémoires* de quatre volumes où des incidents d'une importance secondaire sont racontés en détail, le conventionnel n'a consacré que huit lignes à ce terrible événement. Il n'a point développé sa pensée, mais il est indiscutable pour qui le lit, qu'il ne regrette rien et ici comme au moment des massacres de Septembre, comme dans maintes circonstances que nous signalerons à leur heure, on retrouve tout entier l'homme pour qui la violence, pour qui la Terreur est le meilleur moyen de gouvernement.

Rien ne pouvait arrêter dans leur voie sanglante, les hommes qui n'avaient pas reculé devant l'exécution du roi, les hommes qui devaient, sans pitié aucune, envoyer à l'échafaud Marie-Antoinette et Mme Elisabeth.

René Levasseur fut donc bien accueilli, lorsqu'au commencement de mars, il de-

(1) *Moniteur*. — 18 et 19 janvier 1793.

manda la création d'un tribunal extraordinaire « sans appel et sans recours au tribunal de cassation » (1). « J'en fis adopter le principe en ces termes » dit-il, et on ne saurait s'empêcher de frémir de ce laconisme quand on songe que c'était faire décréter l'institution de ce tribunal révolutionnaire, dont on a tout dit en prononçant son nom et qui vouait indistinctement à la mort à peu près tous ceux qui comparaissaient devant lui.

Avec ses principes et ses idées, il n'y avait pas là, au reste, de quoi faire reculer Levasseur. Dès le 31 mai, en effet, nous le voyons, servant les haines de la populace de Paris, avec laquelle il était en contact dans tous les clubs, demander qu'on applique aux Girondins la loi des suspects (2).

On sait quelle terrible signification avaient ces mots à l'époque.

On sait aussi le procès célèbre et la fin tragique de ces républicains de bonne foi qui ouvrirent la marche dans ce lugubre cortége des représentants du peuple, envoyés à la mort par leurs collègues. Veut-on savoir comment parle Levasseur de ce sacrifice sanglant dont il avait été en quelque sorte l'instigateur ?

« Notre victoire était devenue nécessaire. La faute en reste aux agresseurs » (3).

(1) *Moniteur* des 11, 12, 13 mars 1793.

(2 et 3) *Mémoires de Levasseur.*

Et c'est tout ; et il ne se croit même pas obligé de gémir trop sur la nécessité qui lui sert à excuser tant de choses,ni de faire montre d'un peu de cette sensiblerie hypocrite et déclamatoire si fort de mode alors et dont ses écrits sont loin d'être exempts dans toutes leurs parties. Il est même si implacable que Defermon — un Girondin — ayant échappé au sort de ses amis politiques, il le dénonça à la tribune. Celui-ci fut obligé de s'enfuir en Bretagne, où il resta caché dix-huit mois jusqu'après les événements de Thermidor.

La Convention commença le 10 juin la discussion de la constitution. Le représentant de la Sarthe, il est inutile de le dire, s'associa constamment aux motions de la Montagne. Dans une des séances consacrées à cette œuvre il alla même jusqu'à s'écrier : « Ne parlez pas de culte dans la « Constitution, le peuple français n'en re- « connaît pas d'autre que celui de la liberté « et l'égalité. »

Robespierre lui-même, « le plus pur et le meilleur des citoyens » comme il l'appelle (1) fut effrayé de cette audacieuse proposition et la combattit.

Plus d'une fois encore, soit dans les discours de Levasseur, soit dans ses actes, nous retrouverons les mêmes principes présentés, défendus et mis en pratique avec la même âpreté, la même énergie.

(1) *Mémoires*, page 57.

Nous aurons occasion d'y revenir, il convient de le suivre à présent sur un autre terrain. Il va se présenter à nous sous un aspect nouveau.

La Convention, toujours ombrageuse, et qui tenait en suspicion un certain nombre des généraux de ses armées, avait résolu d'envoyer près d'eux pour les diriger, et surtout les surveiller, des commissaires choisis dans son sein.

Levasseur, qui s'était signalé par l'ardeur avec laquelle il avait soutenu la demande de mise en accusation du général Custine, fut choisi un des premiers pour remplir une de ces missions.

Ici, s'affirmera pleinement son caractère : irritable, jaloux, violent, inflexible. Ici se fera voir l'homme comptant pour rien la vie et même l'honneur des gens pourvu qu'il assure, lui, le triomphe de ses idées.

Il a une qualité, c'est à ce moment qu'il convient de le dire, que l'on ne saurait lui refuser sans injustice ; il a le courage du soldat. Il ne fuit pas le péril et lorsqu'il le faut, sait faire bon marché de sa personne.

Mais dans toute sa conduite on sent un programme bien arrêté : terroriser l'armée et surtout les chefs.

Muni de pouvoirs illimités, Levasseur arrive à l'armée du Nord quelques jours après l'arrestation de Custine. L'armée était mécontente des traitements que l'on venait de faire subir à son général, et, dès le lendemain, à une revue de quarante mille hommes qu'il passa et où — il s'en plaignit amèrement — on négligeait de lui rendre les honneurs réservés aux généraux en chef, il eut à calmer un commencement de sédition.

Le 19 août, il assiste à l'affaire de Lincelles, qui ne fut guère qu'une escarmouche, et où, malgré certains avantages, les Français perdirent huit pièces de canon.

De là, il se rendit à Lille, où il aida Bentabole, qui, depuis, se signala à Domfront par de sanglants exploits, à établir le régime de la terreur. Il était présent, quelques jours après, à la prise de Tourcoing, où se signala particulièrement, sous les ordres d'un de nos compatriotes nommé Jonneau, un bataillon de Manceaux qui bouscula les Anglais à la baïonnette.

C'est là que, pour la première fois, Levasseur rencontra le général Houchard. Dès le premier instant, les rapports furent tendus.

Pouvait-il en être autrement entre un général qui se voyait rejeté au second plan, dépouillé de son prestige et presque de son autorité vis-à-vis de ses soldats, et un homme comme le conventionnel ombrageux, défiant, orgueilleux à l'excès et jaloux de faire preuve de talents militaires qu'il croyait transcendants ?

Il se passa entre eux une scène, racontée dans ses *Mémoires* (1), et qui emprunte à la fin tragique de Houchard un caractère particulièrement grave.

On venait d'apprendre l'exécution de Custine, ce général qui avait laissé tant de regrets parmi ses troupes.

— Custine guillotiné, s'écrie Houchard, c'est donc un parti pris, on veut guillotiner tous les généraux.

— Et toi aussi, répond Levasseur devant tout l'état-major présent à cette scène, et toi aussi si tu nous trahis.

Ce « toi aussi » était plus qu'une menace dans la bouche de l'envoyé du comité de Salut public, c'était une prophétie.

En se rappelant ces faits, en les rapprochant des rapports de Levasseur à la Convention, en se souvenant que Barrère demandant la mise en accusation du général leur empruntait tous ses arguments, en examinant de quel poids fut dans le procès la déposition du représentant de la Sarthe, on ne peut lui retirer la plus grande part de responsabilité dans l'exécution de Houchard.

Il le sentait si bien, qu'en plusieurs endroits de ces *Mémoires*, qui, il ne faut pas le perdre de vue, sont un plaidoyer *pro domo sua*, il essaie de se laver de ce reproche qui dès le premier moment lui fut jeté à la face. Il faut dire qu'il n'apporte que des dénégations que n'étaie aucune

(1) Vol. 2. p. 46.

preuve. Sur ce point d'ailleurs on pourrait lui opposer les théories qu'il a toujours professées et qui sont d'accord avec sa conduite en cette circonstance. On a encore ici contre lui, chose plus grave, le témoignage de deux purs montagnards, Duroi et Duhem qui le rendaient responsable du dénouement terrible de ce procès.

Revenu pendant quelques semaines à la Convention, il avait été envoyé de nouveau en mission avec son collègue Delbret à l'armée qu'on venait de rassembler sous Cassel pour tenir tête au prince de Cobourg et au duc d'York.

Par suite du refus de Kilmaine, c'était Houchard qui avait été investi du commandement en chef. C'est le 5 septembre 1793, que l'armée quitta Cassel. Trois jours après, à la suite d'une série de combats préparatoires et d'une importance secondaire, on en vint aux mains à Hondschoote.

Levasseur, de la Sarthe, se conduisit très bravement et eut même un cheval tué sous lui. A un moment donné, suivant les conseils de Jourdan, il fit transmettre à certains corps des ordres dont l'exécution assura le succès de la bataille.

On conçoit que dans ses écrits il se soit étendu avec complaisance sur cette journée qui est à coup sûr la plus belle de sa vie. Ses panégyristes en ont fait grand bruit et lui ont attribué tout simplement la victoire. Il s'en défend, au reste, dans ses *Mémoires*, avec une modestie d'un genre particulier et bien propre à encourager ceux qui ont admis la version la plus flatteuse.

Nous avons été les premiers à lui rendre justice sur sa tenue dans cette journée, mais il faut rabattre un peu des éloges dont on a été par trop prodigue.

Il y aurait insigne mauvaise foi à enlever à Houchard la gloire de ce combat et à ce sujet nous invoquerons l'autorité de M. Thiers dans son *Histoire de la Révolution*.

Il faut se souvenir aussi du rôle de Jourdan, compter que Hoche, alors tout jeune, était adjudant-major général de l'armée et a bien dû avoir sa bonne part dans l'action. On consultera sur cet incident avec fruit les *Victoires et Conquêtes*, le *Manuel des Braves* et aussi un travail de M. Viennet qui reproche à cette occasion à Levasseur de vouloir s'attribuer une gloire qui ne lui appartient pas et lui inflige l'épithète de « fanfaron de tribune. »

Notre cadre ne nous impose pas de suivre l'armée du Nord dans toutes ses opérations qui devaient amener la reprise de Dunkerque, la seule figure de Levasseur nous intéresse. Il continue jusqu'au bout ce rôle que nous avons indiqué : maintenir l'armée par la crainte. Un trait qui nous est fourni par ses *Mémoires* (1) prouvera que nous n'exagérons pas.

(1) Vol. 2, p. 102.

Au milieu d'un groupe d'officiers, après la bataille de Hondschoote, on le félicitait et de son attitude et d'avoir suivi les conseils de Jourdan. « Cela est vrai, dit un chef « d'escadron, mais si l'un de nous en eût « fait autant, il eût été destitué et peut-être « guillotiné »

Levasseur ne proteste pas et constate que la terreur avait pénétré dans l'armée elle-même. Comment en eût-il été autrement, quand on voyait ce commissaire civil imposer ses volontés dans les conseils de guerre, rudoyer les chefs devant leurs soldats et destituer, comme il le fit par un simple arrêté, le général de division Hédouville, coupable de n'avoir point tenu assez compte à son gré de ses avis.

Peu de jours après la retraite de Menin il revint siéger à la Convention, et se reprit à suivre avec assiduité les séances des Jacobins.

Afin de donner plus d'ensemble et de clarté à cette esquisse biographique, nous franchirons cette période de sa vie publique, quitte à y revenir plus tard, pour en finir de suite avec ses missions aux armées.

Carnot, qui n'aimait pas Pichegru et avait conçu des soupçons sur sa fidélité, envoya auprès de lui Levasseur dont il connaissait la manière d'agir envers les généraux. Après un court séjour marqué de quelques combats à l'armée commandée par Charbonnier, le commissaire rencontra Pichegru à l'abbaye de Lobe. Cette fois encore, dès le premier instant, il dévoile son caractère hautain. Un de ses collègues le présente au général en chef; se reculant avec fierté, il s'écrie : — Il me semble que tu devrais plutôt me présenter le général.

Quelques jours après, c'est avec Kléber qu'il a eu une violente altercation, puis avec le général Scherrer, sur le compte duquel il se livre à des insinuations plus que malveillantes.

En considérant ceux vis-à-vis de qui il abuse des pouvoirs qui lui sont confiés ; en se rappelant qu'il agit constamment ainsi, il est impossible de ne pas voir dans cette série de faits qui se représentent à chaque instant, la marque d'un esprit tracassier et d'un immense orgueil.

Cela est démontré mieux encore par l'attitude qu'il prend en face même de ses collègues, détachés à l'armée, au même titre que lui. Il eut avec Saint-Just des différends assez vifs et ne resta d'accord avec Guiton de Morveau que parce que celui-ci, tout entier à l'application des aérostats à l'art militaire, le laissa complètement agir à sa guise (1).

Plus d'une fois nous aurons à signaler des traits semblables chez l'homme, devant qui Kléber, lui-même, ne trouvait pas grâce. Il est inutile d'insister, obligé de le

(1) *Mémoires* vol. 2.

suivre dans sa route, nous ne faisons qu'indiquer ce qui peut le mieux faire connaître ce caractère. Il en ressortira la preuve de ce que nous avons avancé en débutant.

C'est à ce moment, d'ailleurs, que se place une des dates les plus sanglantes de cette histoire, où elles abondent.

Le Comité de Sûreté générale qui le connaissait et savait pouvoir compter sur lui, le chargea d'aller terroriser Sedan. Sans doute ses instructions étaient rigoureuses ; mais on l'avait bien jugé digne de les recevoir et il les accomplit entièrement.

Vingt-huit personnes, parmi lesquelles se trouvent des magistrats, des membres de la Commune, des ouvriers, des industriels furent arrêtés par ses soins.

L'instruction fut rapidement faite au tribunal révolutionnaire — à la création duquel il avait eu tant de part — et les vingt-huit malheureux portèrent leur tête sur l'échafaud.

Le soir de l'arrestation, c'est lui qui le raconte, un jeune enfant vint se jeter à ses pieds pour lui demander la vie de son père. Démarche vaine.

Pour lui ainsi qu'il l'écrit : —Les exécutions ont été un fléau « né des circonstances ».

Cette théorie qui permet tous les excès, étouffe en lui les cris de la conscience.

Douze autres habitants qui avaient été jetés en prison furent relâchés quelque temps après, trop heureux d'échapper au sort de leurs concitoyens.

Quoi qu'il en ait dit au reste, Levasseur, dans cette mission, ne se contenta point d'obéir aux ordres qu'il recevait. Il prit souvent de sanglantes initiatives. Témoin la lettre suivante, que nous avons entre les mains :

Mézières, le 2 thermidor, l'an II de la République une et indivisible.

Levasseur, représentant du peuple dans le département des Ardennes,

AUX CITOYENS COMPOSANT LA COMMISSION DES ARMES, POUDRES ET EXPLOITATION DES MINES

« Trois maîtres de forge m'ont été dénoncés, « citoyens, comme fournisseurs infidèles, et « le fait étant prouvé matériellement, je les ai « mis sur le glaive de la loi. »

Cette dernière phrase, où l'emphase cherche à masquer l'odieux suivant la coutume, indique de quelle façon procédait Levasseur. La mode est passée parmi ceux qui veulent le continuer de punir aussi durement les fournisseurs infidèles, — il est bien plus simple de traiter avec eux.

Cette biographie n'est point une œuvre de déclamation, de polémique voulue; aussi comme tout à l'heure, restreindrons-nous les appréciations laissant au lecteur le soin de juger. Le peuple, lui, a porté sa sentence et il a accolé au nom de Levasseur (de la Sarthe) l'épithète de *boucher*. La trivialité n'enlève ici rien de l'énergie à cette flétrissure qui est restée et qui restera malgré tous les efforts d'apologistes intéressés.

Il avait trop bien rempli les vues du Comité de Salut public pour qu'on ne l'utilisât pas à nouveau dans une mission où il ne fallait jamais sentir son cœur s'émouvoir ni sa main trembler en signant un arrêt de mort.

On l'envoya dans nos régions pour hâter l'écrasement des Vendéens. Ceux qui l'avaient choisi ne furent point trompés dans leur attente. Nous abrégerons, car cette lugubre histoire est assez connue, ici plus encore qu'ailleurs, pour qu'il soit nécessaire d'insister.

Là, comme à l'armée du Nord et de la Sambre, il veut de suite avoir la haute main, et s'attaque, en présence de leurs officiers, d'abord au général Coumer, puis au général Danican, que, dans ses écrits, il accuse de lâcheté et de trahison, et enfin à Westermann, qui, lui aussi, devait porter sa tête sous le fatal couperet.

Il est à remarquer, sans même en tirer de conclusion immédiate, que, sauf Jourdan, tous les généraux qui ont été soumis à son contrôle, non-seulement n'ont pu échapper ni à sa violence ni à ses délations, mais encore que presque tous ont été victimes des rigueurs du gouvernement révolutionnaire.

A Saumur, trouvant la ville encombrée, à son avis, par des prisonniers vendéens, il les fait attacher deux à deux, et conduire à pied à Orleans, par un homme choisi de sa main, nommé Petit, à qui il donne les instructions les plus rigoureuses, lui ordonnant de faire tirer, à la première occasion, sur les prisonniers ainsi attachés. Il avoue lui-même, mais avec le plus grand calme, et sans un mot de regret, que ces exécutions sommaires eurent lieu plusieurs fois durant le trajet (1).

Ce sanglant exploit fut à peu près le dernier qu'il accomplit comme commissaire du Comité de salut public.

Il nous reste maintenant à voir le rôle qu'il joua à la Convention, jusqu'à la fin, en reprenant quelques événements que nous avons été obligés de laisser de côté.

Ici se placent deux des plus terribles épisodes de cette sombre existence de Levasseur, sur lesquels, on doit commencer à s'en convaincre, il eût été prudent et habile de ne pas appeler de nouveau l'attention.

(1) *Mémoires*. Vol. 2.

III

Au début de sa vie politique, et même avant qu'il pût jamais espérer prendre place parmi ceux qui dirigeaient la République, Levasseur était, nous l'avons vu, en relations intimes avec Philippeaux, avocat du Mans, que les électeurs envoyèrent en même temps que lui à la Convention. Les deux collégues partageaient, à peu de chose près, les mêmes doctrines, mais Philippeaux était peut-être moins hardi dans leur application. De là un premier désaccord entre les deux représentants, qui se trouvèrent séparés à Paris et s'affilièrent à des groupes politiques différents.

Ce qui n'était d'abord qu'un éloignement, qui d'ailleurs s'accroissait de jour en jour, devint bientôt une sorte de haine chez Levasseur, qui, altier et égoïste, nous l'avons fait voir, ne pouvait souffrir ni contradiction, ni résistance. Bientôt une circonstance particulière vint augmenter ses mauvaises dispositions. Philippeaux avait fait à la Convention un rapport où étaient dévoilés et blâmés les agissements des généraux et des représentants en Vendée.

Levasseur, dont la participation à cette campagne s'était accusée par de nombreuses exécutions, jura la perte de celui qui avait osé élever la voix et faire appel à la conscience publique et à la population.

Dès lors, et avant de le dénoncer publiquement à la barre de la Convention, il l'enlaça dans un réseau d'intrigues, au milieu duquel le malheureux se débattit en vain.

Nous avons eu la bonne fortune d'avoir entre les mains un certain nombre de lettres autographes et en partie inédites de Levasseur qui a gardé dans ses *Mémoires* un silence, plus accusateur que tout ce que nous pourrions dire, sur le rôle qu'il joua en cette affaire. Elle a d'autant plus d'intérêt que c'est au Mans même qu'il commença à ourdir sa trame et que c'est d'ici qu'il fit partir le coup qui devait abattre son ennemi, profitant de l'occasion pour envelopper dans sa vengeance ceux qui, dans sa ville natale même, lui étaient hostiles.

Ils étaient nombreux. Le club de l'église Saint-Victeur qui déjà en 1790 lui avait suscité force embarras, avec lequel une réconciliation avait été plâtrée, et que Levasseur avait eu le tort de croire abattu, s'était bientôt reconstitué. Il reconnaissait pour chef Rigomer Bazin, jeune homme ardent et exalté. « Esprit médiocre et faux, « a dit un historien (1), infatué d'une suf-« fisance ridicule, ambitionnant les postes « les plus élevés et incapable d'en remplir « aucun. »

C'était un de ces êtres, communs dans les révolutions, qui après avoir aidé à la fortune de certains hommes se sont bientôt empressés de les renverser pour prendre leur place.

Levasseur le sentait et craignant l'influence grandissante de l'audacieux conspirateur, il mit tout en œuvre pour le supprimer ou au moins le déconsidérer et lui enlever tout moyen d'action.

L'occasion se présenta belle pour lui. Bazin et ses amis avaient envoyé à la Convention une adresse signée de cent-treize habitants du Mans et dans laquelle Philippeaux était loué et défendu contre l'accusation de modérantisme qui commençait à peser sur lui. La pièce devenue très rare et dont quelques heureux collectionneurs sont seuls possesseurs, porte en tête cette mention : « *Les Sans-Culottes du Mans à « la Convention nationale, au comité de « salut public et à toutes les sociétés po-« pulaires de la République.* »

Elle devint une arme terrible entre les mains de Levasseur. Elle lui servit de base à une accusation de complot où il engloba

(1) Dom Piolin. *La conspiration des bazinistes.*

tous ceux contre lesquels il nourrissait un amer ressentiment. Voici, à ce sujet, la lettre qu'il adresse à Garnier (de Saintes) représentant du peuple en mission dans la Sarthe et dans les départements voisins :

Paris, le 16 Nivose, l'an II de la République une et indivisible.

La Société du Mans, mon cher collègue, a fait une adresse à la Convention en faveur de Philippeaux; mais à la réception d'un numéro du *Père Duchesne*, ils ont arrêté que cette adresse ne serait pas envoyée. J'en ai vu un exemplaire dont je ferai bon usage. A présent tu peux traiter les meneurs comme ils le méritent ; ce ne sont plus des patriotes persécutés, ce sont des philippotins. Qui prendra leur défense ? Ils ont signé l'adresse. Un beau coup que tu as à faire c'est de mettre la main sur la minute : Monnoyer est prévenu que s'il n'a pas conservé la minute il est perdu. A ton arrivée, tu peux te procurer des exemplaires de l'imprimé et ordonner à Monnoyer de te présenter l'original. C'est une prise intéressante. On travaille à l'acte d'accusation contre Philippeaux et compagnie : au premier jour il sera présenté à la Convention. L'adresse de la Société du Mans est perfide et prends y bien garde, contre-révolutionnaire. Quand les meneurs n'auraient que ce seul reproche à se faire, ils seraient bien coupables.

Pourquoi Bazin qui n'avait pas vingt-cinq ans, lors de la première réquisition, n'est-il pas parti ?

Adieu, mon cher collègue, les bons patriotes du Mans t'attendent comme les Juifs attendaient *le Messie*.

Salut et fraternité,

LEVASSEUR, de la Sarthe.

Nous avons tenu à reproduire *in-extenso* cette lettre copiée sur l'original, il en ressort, en effet, la preuve de ce que nous avançons au sujet du plan qu'avait conçu Levasseur. Il est curieux de voir avec quelle persistance il en poursuit l'accomplissement.

Nous en trouverons le moyen dans la correspondance fort suivie qu'il entretenait avec Garnier (de Saintes) qui, étranger au pays et peu jaloux de se brouiller avec le comité de Salut public où Levasseur était fort écouté, se laissa constamment guider et diriger par son collègue ; il servit ses intentions, peut-être un peu inconsciemment.

Levasseur le trouvait tiède à certains moments, et il le gourmande fréquemment à ce sujet.

Ainsi, dans une lettre datée du 11 ventôse an II, après lui avoir recommandé la fermeté, il lui indique la conduite qu'il doit tenir envers les administrateurs. Il lui conseille de les maintenir en état d'arrestation, de recueillir et de faire se produire des dépositions « verbales » qui puissent les convaincre d'avoir tenu des propos tendant « à l'avilissement de la représen-
« tation nationale : *ce qui est un crime*
« *capital.* »

Naturellement la représentation c'est lui, qui avait été attaqué, et on voit quel châtiment il appelle sur les gens coupables d'avoir osé discuter sa conduite.

En homme habile et qui ne perdait pas de vue son but, Levasseur exploitait adroitement, au profit de ses rancunes personnelles, les événements qui se passaient à Paris, et le 27 ventôse an II, au moment où l'esprit public était surexcité par le procès des Dantonistes et des Hébertistes, il écrit à Garnier pour réchauffer son zèle et l'inviter à précipiter le dénouement.

Nous extrayons textuellement ce passage :

« Hier au soir, je suis allé au Comité de
« Salut public, que j'ai informé de ce qui
« se passait au Mans. Je leur ai présenté
« une copie de la dénonciation ci-jointe.
« Billaud de Varennes m'a chargé de te la
« faire passer et de te dire de te rendre au
« Mans, toutes affaires cessantes. afin de
« vérifier les faits portés dans les dénon-
« ciations, de faire traduire les coupables
« au tribunal révolutionnaire. Robespierre,
« à qui j'en parlais il y a deux jours. est
« étonné de ce que leur tête n'est pas déjà
« tombée.

Cette dernière phrase est-elle assez caractéristique?

Cette dénonciation, dont il parle, et toute entière écrite de sa main. est dirigée contre Philippeaux et plusieurs personnes du Mans. Elle eut pour conséquence un certain nombre d'arrestations. Les gens arrêtés, parmi lesquels se trouvaient plusieurs notables, furent retenus par une circonstance providentielle dans les prisons de Chartres, où Thermidor vint les affranchir du sort qui les attendait.

Dans cette même lettre, qui d'ailleurs a été publiée, il ajoute cette phrase où se montre son animosité contre Philippeaux : « Ce n'est point seulement comme *Philip-* « *potins* qu'il faut les poursuivre, mais « comme diffamateurs et contre-révolu- « tionnaires. » Après quoi il insinue perfidement, que ce collègue, qui lui est odieux, a fait partie de la faction dirigée par Fabre d'Eglantine.

Pour soutenir l'énergie de Garnier dans son œuvre, il lui promet l'appui du Comité de salut public et celui des Jacobins, où lui avait tant d'autorité et il lui suggère les moyens :

« Une découverte bien intéressante, se- « rait de s'assurer si Philippeaux a mendié « l'adresse de la Société du Mans. On me « l'assure. Les scellés mis chez les chefs « de la faction du Mans, pourraient bien « fournir des preuves.»

Il insiste, on le voit, s'acharnant à établir la culpabilité de son ennemi, et il termine sa lettre par ces mots qui dans sa bouche ont une signification particulière : « De la prudence avant l'action, de la fermeté pendant et ça ira. »

Ses manœuvres portaient leur fruit ; Philippeaux devenait suspect ; aussi, plein de joie, Levasseur écrivait-il au citoyen

Fréart, membre du corps municipal du Mans, à la date du 9 germinal : « Ils ont « été bien sots ceux qui ont pris le parti « de Philippeaux, » et dans la même lettre : « Aujourd'hui ou demain la faction sera « travaillée. »

Ce mot de « travaillé » dont s'étaient déjà servi les assassins de Septembre, ne fait-il pas frissonner ? Il faut se rappeler, en effet, que ceci était écrit la veille du jour où la Convention pratiquait une large saignée dans son sein et envoyait dix-neuf représentants à l'échafaud.

Philippeaux, qui sentait planer le danger, se défendait de son mieux, et dans une lettre qu'il adressait à Marat-Cincinnatus Jourdain, au Mans, il disait très-carrément que Levasseur était « un personnage équivoque. »

La colère de celui-ci s'en augmentait, et les instructions, presque comminatoires selon son habitude, qu'il adressait à Garnier (de Saintes), lui prescrivaient « de rétablir *un peu* l'esprit public. »

Comme euphémisme, cette phrase a sa valeur.

Garnier sut l'interpréter, et, le 27 mars 1794 (7 germinal an II), il fit arrêter dix des notables du Mans qui pouvaient craindre d'aller rejoindre les administrateurs de la commune, précédemment incarcérés et cités devant le tribunal révolutionnaire. C'était, selon toute apparence, la mort à courte échéance.

C'est Levasseur qui avait demandé qu'ils fussent soumis à cette juridiction spéciale sans recours ni appel. Nous en trouvons une preuve irrécusable dans la lettre suivante :

Paris, 9 germinal an II de la République une et indivisible.

Les représentants du peuple, députés de la Sarthe, au citoyen Garnier de Saintes, leur collègue.

Les administrateurs détenus à Chartres, notre cher collègue, ont adressé à la députation une pétition tendante à ce qu'ils fussent renvoyés vers toi pour être mis en liberté, si tu ne les trouvais pas coupables. Nous n'avons pas cru que des fonctionnaires dénoncés comme conspirateurs pussent être jugés par un représentant du peuple. Le rapport de Jourdain, fait à la Société populaire du Mans, le 1er ventôse, découvre une *série d'horreurs* dont les membres de la Société n'avaient jamais eu connaissance ; à plus forte raison la députation de la Sarthe. Nous avons donc pensé que le tribunal révolutionnaire pouvait seul connaître de cette affaire. En conséquence, notre collègue Levasseur, après avoir fait part à la Convention de la pétition des administrateurs, a demandé : 1° le renvoi au Comité de sûreté générale, pour faire un rapport sur les accusations dirigées contre eux, et les traduire au tribunal révolutionnaire ; 2° que tu sois chargé de faire passer au Comité de sûreté générale les pièces à charge et à décharge. Le décret a été rendu, nous te l'enverrons. Il faut que le glaive de la loi frappe également les fédéralistes et les conspirateurs.

Salut et fraternité.

LEVASSEUR,
BOUTROUX, LEHAULT, LE TOURNEUR.

Les trois autres représentants de la Sarthe avaient signé, mais l'original, que nous avons vu, est entièrement écrit par Levasseur.

C'était surtout contre les bazinistes que ce dernier avait le plus de rancune et il travailla à la satisfaire. Un instant il dut être sur le point de réussir, car son âme damnée Garnier (de Saintes), renseigné par lui, disait publiquement au Mans dans une réunion : « Il est quatre heures en ce mo-« ment, les intrigants ont porté leur tête « sur l'échafaud. »

Cet espoir fut trompé ; mais Philippeaux fut moins heureux que ceux que l'on destinait à lui servir d'escorte sur la sanglante plate-forme.

A l'instigation de Levasseur, il avait été enveloppé dans un de ces décrets d'accusation que la Convention, se déchirant elle-même, rendait chaque jour contre quelques-uns de ses membres.

Levasseur n'eut même pas la pudeur de garder le silence, de rester ouvrier obscur dans cette œuvre de vengeance. Lui-même il prit la parole à l'Assemblée et prononça un réquisitoire passionné contre celui qui avait été son ami. « Citoyens, « s'écria t-il, je demande à arracher le « masque dont se couvre Philippeaux. Je « déclare que le patriotisme de Philip-« peaux consiste en bavardage, en décla-« mations et que pas un acte républicain « ne parle en sa faveur. Je fus avec lui

« officier municipal du Mans, il ne mit ja-
« mais la main à l'œuvre (1) ».

Ces paroles devaient produire leur effet et Philippeaux fut guillotiné le 8 avril 1794. Il n'avait alors que trente-cinq ans.

Levasseur avait accompli la moitié de son vœu, il ne renonçait pas à le satisfaire jusqu'au bout ; aussi, toujours obéissant à son influence, — on a établi qu'il fut la cheville ouvrière de toute cette affaire (2), — Garnier réunit un certain nombre de gens sûrs dans l'église de la Couture, et fit rédiger une adresse à la Convention, qui, portée à Paris par deux sans-culottes manceaux, Duchâteau et Juteau, commençait en ces termes :

« Une coalition liberticide a existé dans
« la société populaire du Mans. Philippeaux
« en était l'âme et le chef. Il a subi la peine
« due à son crime ; et ses adhérents vi-
« vent encore... Traduits au tribunal révo-
« lutionnaire, ils ont échappé au glaive de
« la vengeance. »

Cet appel resta sans effet heureusement, et les victimes purent se dérober au sort qui les attendait.

Il nous répugnerait, dans une étude historique, de charger les couleurs ; aussi, en

(1) Moniteur, *Compte-rendu de la séance du 3 Nivôse.*

(2) Dom Piolin. — *La Conspiration des bazinistes.*

racontant, avec preuves à l'appui, toute cette intrigue, nous sommes-nous gardé d'insister. Nous avons dit les faits, et les lettres elles-mêmes, témoignage irrécusable puisqu'elles sont autographes, nous dispensaient de tout commentaire, de toute appréciation. Les aveux, même involontaires, restreignent et rendent presque superflu un acte d'accusation. D'ailleurs, nous n'en dressons pas un ici, mais la vérité est implacable, et tous, immolant leurs préventions et leurs préférences, doivent s'incliner devant elle.

Tout ce qui précède a déjà pu faire juger Levasseur. Nous avons jusqu'ici révélé des faits qui chargent assez sa mémoire pour imposer la circonspection à ceux qui, sur des données superficielles, des légendes intéressées, se sont constitués ses défenseurs.

Ceux-là, même après cette enquête, diront qu'il était de bonne foi. Nous le croyons aussi. Mais cela suffit-il pour tout excuser ? Et, par ce qu'il jugeait nécessaire de répandre le sang pour faire triompher ses idées, par ce qu'il était animé d'une conviction sincère, dira-t-on qu'il échappe à toute responsabilité devant l'histoire ?

Qu'on lui pardonne, que l'excusent même ceux qui ont le cœur largement ouvert à l'indulgence, soit encore, mais qu'on ne l'exalte pas.

Il y aurait, d'ailleurs, du cynisme à le

faire, et quoiqu'il ait déclaré lui-même, donnant l'exemple avec le précepte « que « le cynisme introduit dans les relations « sociales contribue à rendre la régénéra- « tion radicale » nous sommes convaincus qu'il est peu de gens qui oseront — l'approbation absolue étant une complicité au moins tacite — chercher même à expliquer l'acte suivant.

Levasseur avait eu pour professeur au collége du Mans, duquel il s'était fait chasser, comme on sait, un oratorien nommé Germain de Queudeville. C'était un philosophe assez distingué et il avait successivement occupé avec succès des chaires à Lyon puis à Paris.

La Révolution, puis la Terreur le surprirent dans le Maine où les sympathies d'un évêque qui l'appréciait, l'avaient fait revenir pour diriger la paroisse de Coulans.

En présence des persécutions qui s'exerçaient au Mans contre les ecclésiastiques qui refusaient d'abjurer, craignant d'être victime des mesures prises par les révolutionnaires qui le traquaient comme une bête fauve, il se réfugia à Paris.

Pendant quelque temps, il trouva un asile sûr chez les frères Lamarre, qui, eux-mêmes oratoriens proscrits, couraient cependant le même danger que lui, mais à qui la propriété d'une maison à Paris avait assuré un refuge.

Cependant le pauvre vieillard était loin

d'être tranquille. Pourtant il avait plus de soixante ans et, de par les décrets même de la Convention, il devait être à l'abri de toute poursuite. Mais les exemples de la violation de la loi n'abondaient que trop pour justifier ses craintes ; aussi, tant pour son salut personnel, que pour ne pas compromettre plus longtemps ses hôtes, déjà assez menacés, prit-il une résolution qui dénotait chez lui une grande candeur.

Ayant appris que son ancien élève du collége du Mans, René Levasseur était conventionnel et l'un des plus influents parmi les puissants du jour, il résolut de s'adresser à lui et de réclamer aide, conseils et protection.

En vain tous ceux à qui il s'en ouvrit, Bailly entre autres, et qui avaient appris à juger l'homme par ses actes, essayèrent-ils de le dissuader. — J'ai comblé Levasseur de bontés, disait-il, il ne saurait me trahir.

Le lendemain vers neuf heures du matin, les pièces permettent de préciser, il se présenta chez son ancien élève et lui exposa la situation.

— Revenez demain de bonne heure, se contenta de répondre Levasseur, je vous donnerai une réponse.

Germain de Queudeville avait confié à celui qu'il croyait être son protecteur, le lieu de son asile ; dans la nuit il fut arrêté et jeté au Luxembourg au milieu de la foule des prisonniers destinés à l'échafaud.

Lui-même n'y échappa pas.

La loi ne permettait pas de le frapper, mais pour condamner les victimes, vouées d'avance à la mort, les prétextes étaient ce qui manquait le moins. Il fut accusé d'avoir trempé dans une conspiration ourdie dans ces caveaux même du Luxembourg où un infâme abus de confiance venait de le précipiter.

« Mon Dieu, s'écriait le vieillard, pen-« sant à celui qui s'était fait le limier du « bourreau, ayez pitié de son âme. » Et il disait à un de ses parents, sequestré dans une cellule voisine et qui s'indignait contre Levasseur : « Je ne pouvais me per-« suader une trahison si noire, prions et « faisons prier Dieu pour qu'il lui pardonne « tout le mal qu'il m'a fait. » (1).

Traduit devant le tribunal révolutionnaire, dont Levasseur avait lui-même, on s'en souvient, provoqué la constitution, Germain de Queudeville, âgé de 62 ans, fut condamné à mort et exécuté le même jour, 22 Messidor, an II (10 juillet 1794), à deux heures après midi, à la barrière du Trône.

Voilà des détails précis qui donnent toute latitude pour vérifier. Un acte aussi monstrueux a besoin, en effet, d'être raconté avec toutes les marques de l'authenticité.

(1) *Histoire de l'Eglise du Mans, pendant la Révolution*. Dom Piolin.

Ceux qui voudront être pleinement édifiés sur ce drame et à qui l'autorité des historiens que nous citons ne suffirait pas, pourront consulter un ouvrage de Th. Perrin, intitulé : *les Martyrs du Maine*, que l'on peut assez aisément se procurer. Outre que l'écrivain parle en homme qui a des documents positifs sous les yeux, la véracité de ses dires est ici attestée d'une façon indéniable. Le livre, en effet, fit grand bruit dans la province, il fut publié à une époque où Levasseur, qui n'était pas encore proscrit, habitait la ville. Maintes fois sa conduite, dans cette circonstance, lui fut jetée à la face comme un reproche sanglant. Jamais il ne protesta ; à plusieurs reprises, avant l'époque où ses *Mémoires* furent publiés, il laissa passer l'occasion de se justifier, et dans ces *Mémoires*, où la plus simple attaque, même contre ses capacités médicales, est vertement relevée, pas un mot de réponse, pas une négation.

C'est d'ailleurs ainsi qu'il a coutume d'agir, déjà nous l'avons pu voir, lorsqu'il s'agit de faits que rien ne saurait expliquer. Dans son immense et farouche orgueil, cette âme de fer repousse même le *mea culpa*.

Il fallait raconter le fait. Est-il autant besoin de l'apprécier et de le commenter ? Nous ne le croyons pas et nous nous abstiendrons ici de toute réflexion à cet égard.

Il ne s'agit plus ici d'un acte où un homme, uniquement préoccupé de la réalisation d'un vaste programme politique peut, par l'entraînement, se laisser égarer ; faire bon marché dans son exaltation des sentiments ordinaires et dans une mesure, d'ailleurs très restreinte à notre sens, pallier l'horreur du moyen par la grandeur du but rêvé. Il s'agit d'un acte criminel qui porte le cachet de la vengeance et de la cruauté et qui à lui seul suffirait à faire honnir celui qui s'en est rendu coupable.

Rien ici n'excuse Levasseur et si, même après son vote du 17 janvier, après sa conduite à Sedan, après ses agissements contre les généraux qu'il a si fort maltraités, après sa conduite envers les prêtres et les Vendéens, après la part qu'il a prise à l'arrestation de ses compatriotes, à l'exécution de Philippeaux, nous ne nous sommes point hâtés d'accoler à son nom l'épithète de sanguinaire, si nous n'avons enregistré que pour mémoire la sanglante appellation de « boucher » dont le flétrissait le peuple dans sa justice, comprendra-t-on que maintenant nous n'usions plus de la même réserve ?

IV

A ceux qui, après ces indéniables révélations, conserveraient encore quelque velléité de se poser en champions de Levasseur, il ne resterait plus guère qu'une ressource : parler de sa probité et de son désintéressement.

Ce sont là, à la vérité, des qualités relatives, mais nous ne chicanerons aucunement sur ce point. Les premiers, nous reconnaîtrons que dans ses missions aux armées il a été économe et intègre. Encore remarquera-t-on que, pour porter ce jugement, nous admettons sans contrôle ni contestation les assertions et les bordereaux qu'il a produits dans ses *Mémoires*; et si c'est un mérite de ne point s'enrichir aux dépens de l'Etat, alors qu'on le pourrait faire presque impunément, nous reconnaissons, toujours d'après lui, qu'il eut au moins celui-là.

Ceci pour la probité, qui n'est en somme qu'un devoir strict. Au point de vue du désintéressement, peut-être serait-il prudent de ne point le placer trop haut. Tout comme un autre, il a cure de son bien et sait même au besoin se servir de son influence pour s'exempter de certaines corvées ou charges onéreuses auxquelles est obligé de se soumettre le commun des martyrs.

Un petit fait entre autres. Par suite des besoins de la guerre on avait établi une réquisition frappant les chevaux sur toute l'étendue du territoire. Levasseur, chez qui son séjour aux armées avait fait naître des goûts militaires, s'était monté une sorte d'écurie, composée de chevaux choisis, dont il tenait fort à se réserver l'usage et dont il était peu disposé à faire un abandon, même momentané, à la patrie.

Aussi, même au plus fort de ses intrigues, est-il fort préoccupé de cette question. Dans les lettres qu'il écrit à Garnier (de Saintes), et qui ont pour but l'abaissement de la faction qu'il redoute, il n'oublie pas ses petits intérêts privés. « J'avais « écrit à ma femme, apprend-il à Gar- « nier, à la date du 22 pluviose an II, « d'aller trouver Franchet et lui propo- « ser pour réquisition un jeune cheval « de cinq ans que l'on m'avait dit assez « beau... Il était bien naturel que je dé- « sirasse conserver ceux que j'avais fait « venir du Nord. »

Assurément — et il a fait école à ce sujet

— c'était bien naturel pour un républicain. Cependant, au Mans, on le gouaillait quelque peu, et Potier-Morandière, alors maire, n'avait pas été des derniers à donner cours, sur ce sujet, à sa verve railleuse. Aussi, afin de masquer les apparences, prit-on, pour cause de service public, une des juments appartenant au conventionnel, et que lui-même qualifiait de « vieille rosse. »

C'était, à son sens, trop demander encore, et il écrit à la date du 11 ventôse an II de la République une et indivisible : « Notre collègue François a donné des or-« dres pour que mon cheval me soit rendu, « et il y a eu malentendu : il est dans les « écuries du département, et on attend un « mot de toi pour qu'il me soit rendu. « Ecris à Lafaverie, président du district, « il le fera conduire chez moi. »

Sans doute ceci est peu de chose en soi, mais lorsqu'on veut se faire une idée nette de certaines personnalités. il est utile de ne point négliger les détails. Il importe d'autant mieux de le faire, que Levasseur a, dans ses mémoires, voulu se parer de cette vertu de désintéressement. Il raconte quelque part qu'il avait un oncle, le sieur David de la Brosse, planteur à Saint-Domingue, riche comme doit l'être tout oncle des colonies (le fait est qu'il possédait près de 700,000 livres) et dont il devait hériter. Malheureusement, cet oncle étant venu au Mans le voir, avant que Levasseur fût arrivé aux honneurs, une discussion se serait élevée entre eux à propos du sort des esclaves dans les plantations. L'oncle était pour l'asservissement, Levasseur pour l'émancipation, et il résulta de là, discussion ardente et prolongée, entre eux, puis rupture irrévocable, de sorte que David de la Brosse changea les dispositions de son testament, et qu'au lieu de l'héritage princier sur lequel il était en droit de compter, le chirurgien-accoucheur du Mans ne palpa que 15,000 livres.

Lorsque la Convention émit le vœu quelque peu platonique de l'affranchissement universel des hommes de couleur, Levasseur s'associa à la mesure, déclarant avec une certaine emphase qu'il trouvait dans ce fait une compensation à la perte qu'il avait éprouvée par suite de son attachement aux grands principes humanitaires.

Il en faut quelque peu rabattre. On ne saurait nier qu'il ne se soit élevé entre l'oncle et le neveu certaines contestations qui ont pu modifier les dispositions testamentaires du premier et tromper les espérances du second, mais il en faut chercher la source ailleurs que dans un dissentiment sur la question de l'esclavage.

Certaines pièces d'un procès survenu à propos de la succession d'un sieur Julien Cottereau, parent commun, mort à Fort-Dauphin (Saint-Domingue), expliqueraient peut-être mieux le désaccord survenu entre des gens qui, dès 1779, échangeaient des choses peu agréables par ministère de procureurs, — lesquels s'entendaient peu à resserrer les liens d'amitié.

Nous avons déchiffré le grimoire rédigé et présenté par Me Lambert, parlant au nom de Levasseur, et nous nous expliquons les métamorphoses du testament qui, quoi qu'il en dise, préoccupait assez l'héritier, puisque, près de cinquante ans après son ouverture, il le commente encore et cherche, à défaut d'autre profit, à en tirer quelque bénéfice moral.

Eloigné par ses missions à l'armée et occupé qu'il était par ses affaires particulières, Levasseur avait pris peu de part pendant un certain temps aux travaux de la Convention. Il était loin cependant de s'en desintéresser complétement et nous trouvons dans le *Moniteur* du mois de novembre, un discours où s'attaquant encore au clergé même assermenté, il émet des théories qui semblent exagérées même à la Convention nationale.

On y retrouve l'homme qui, passant un jour en la commune de Luzarche, y rencontre « un scélérat de prêtre » (1), fait arrêter quelques citoyens qu'il qualifie de fanatisés, monte en chaire, fait un discours où la menace tient lieu de per-

(1) *Mémoires*, vol. 2, pages 299 et suivantes.

suasion et consacre lui-même l'église « à la raison ».

Voit-on cet accoucheur consacrant une église ?

Mais déjà de nombreux symptômes annonçaient que la France était lasse du régime de sang. Le 9 thermidor approchait, il était venu. Nous pouvons, surtout lorsqu'il s'agit de faits aussi connus, aussi profondément fouillés, passer ainsi rapidement, nous qui ne nous sommes donné pour mission que de suivre un des acteurs de second ordre, de cette immense tragédie.

Par adresse ou par chance, Levasseur n'avait pas partagé le sort de ses amis et tout heureux de siéger encore sur ces bancs, où le couperet égalitaire avait fait tant de vides, il rêve de conquérir une place de chef de parti. Autant qu'aux beaux jours où étaient acclamés Marat et Robespierre, il est resté montagnard. Mais afin de ne point donner l'éveil, de n'être point entravé dans ses desseins, il ne recule pas devant une capitulation de conscience, devant une sorte d'apostasie et dans la séance du 26 thermidor, il renie audacieusement Robespierre qu'il blâme et qu'il flétrit.

En agissant ainsi, il obéissait à son caractère, il faisait ce qu'il a toujours fait, guidé par un cœur égoïste, par un esprit ambitieux. Nous ne sommes point le seul au reste, à l'avoir jugé ainsi. Ce que nous disons se trouve confirmé par un article d'un journal, organe des révolutionnaires les plus exaltés de notre époque — on en jugera au style — et qu'on n'accusera certes jamais d'un esprit systématique de dénigrement, vis-à-vis des révolutionnaires.

Nous lisons, en effet, dans le journal *Le Peuple*, paru il y a peu de jours, à la date du mercredi 30 août 1876 (13 fructidor an 84, ont soin d'ajouter les rédacteurs) « Levasseur a laissé des mémoires intéressants sur la révolution. Ce conventionnel « était doué de peu de caractère, quoi qu'en « disent ses panégyristes. Après avoir été « honoré de l'amitié de Robespierre, après « avoir approuvé tous ses actes et y avoir « coopéré, il n'eut pas honte pour sauver « sa tête, d'approuver les lâches Thermi- « doriens, lorsqu'ils assassinèrent le grand « révolutionnaire et avec lui la Révolu- « tion. »

Quoique nous plaçant à un point de vue différent en ce qui touche les appréciations, nous ratifions absolument ce jugement. Dès le début, nous l'avions dit. Levasseur a toujours abandonné ses amis quand il n'a pas fait pis, et voilà que ceux qui servent la cause à laquelle Levasseur a consacré sa vie, viennent nous donner raison et par là affirmer notre impartialité.

Grâce à ce lâche reniement que nous venons de voir si énergiquement flétri par les radicaux d'aujourd'hui, Levasseur avait échappé, en compagnie de quelques-uns de ses amis, aux proscriptions des thermidoriens.

Il restait encore une petite Montagne. La phalange était décimée, mais, enhardie par l'attitude bénévole des autres partis de l'Assemblée, elle résolut de faire renaître les beaux jours de 1793, de reconquérir la suprématie et de s'imposer par l'audace, cette « grande qualité » qui ne sauva point Danton, pour qui elle pouvait tenir lieu de tout cependant.

Levasseur, à qui la disparition des premiers rôles avait créé une importance passagère, fut le premier à s'engager dans cette voie.

Toutes les mesures qui, même de loin, rappelaient les agissements de la Convention, alors qu'elle-même était soumise à la terreur, trouvent en lui un défenseur ardent, sinon éloquent.

Carrier, le proconsul de Nantes, dont le nom se passe de qualificatif, est-il mis en accusation? Levasseur plaide en sa faveur, quitte à l'abandonner à son tour (1). S'agit-il de rendre moins rigoureuses les mesures prises contre les émigrés, au sujet de leurs biens confisqués? Levasseur s'y oppose encore.

Aux Jacobins, il excite les patriotes contre *la jeunesse dorée* et « invite les so- « ciétés affiliées et les bons citoyens à dé-

(1) *Moniteur* du 14 Brumaire, an III.

« noncer les oppresseurs» et recevant d'un collègue charitable, Barrère, le conseil de mettre plus de circonspection dans ses discours à la Convention, il lui répond : « J'aurais proposé à mes collègues « de venir nous asseoir indistinctement « et principalement du côté droit; chacun « de nous aurait été armé d'un poignard « que nous aurions placé du côté gauche « de notre habit, de manière qu'il fût ap- « parent». (1).

Il n'avait point, on le voit, renoncé aux traditions de violence et d'intimidation. Mais le temps était passé, la fièvre était tombée, et ce qu'il appelle les réactionnaires prirent bientôt une si large autorité, qu'il était impossible, lui qui représentait l'ancien esprit de la Montagne, qu'il continuât à siéger.

Il sentait bien qu'il jouait sa dernière partie; aussi lui, conventionnel, se mêla-t-il au ramassis d'émeutiers qui, les 11 et 12 germinal an III, tentèrent de culbuter la Convention pour rétablir le régime de 1793. L'insurrection fut vaincue, et le 14 germinal, Legendre, l'homme dont le poing d'assommeur fut paralysé par un bon mot de Lanjuinais, monta à la tribune pour dire : « Je demande l'arrestation de Levasseur, de « la Sarthe, cet éternel prédicateur de ré- « voltes. »

Être qualifié ainsi par Legendre!

(1) *Mémoires*. Vol. 3, page 269.

Tallien appuya la motion, et sauf le représentant Levasseur (de la Meurthe), tous les membres présents la sanctionnèrent par leurs votes.

René Levasseur, c'est lui qui le dit, avait fui et s'était caché. Comptant cependant sur d'anciennes relations, il se présenta dans les bureaux de l'Assemblée, il fut arrêté et conduit en voiture, et sous bonne escorte, à Besançon.

Tout d'abord, il fut enfermé à la citadelle autour des remparts de laquelle venait rôder une foule hostile. A l'entendre, — c'est peut-être une importance bien grande qu'il s'attribue, — il était uniquement cause de ces manifestations. Il raconte que la compagnie de Jésus avait formé le dessein de l'assassiner.

Remarquons — simple détail — qu'il s'agit ici sans conteste de la bande dite des *Compagnons de Jehu*, mais on voit par là, que Levasseur ne déteste ni l'équivoque, ni les *lapsus* quand ils peuvent porter leurs fruits.

Bientôt, ce qu'il n'eut jamais fait, lui, au temps de son pouvoir, on lui donna la ville pour prison.

Son premier soin, fut de s'aboucher avec quelques patriotes mécontents et d'organiser une petite conspiration. On ne peut jamais chasser le naturel si bien qu'il ne revienne. Il s'agissait de faire main basse sur la garnison, de s'emparer de la citadelle et de maîtriser la ville.

Tout était prêt, jusqu'à un costume de représentant du peuple, comprenant l'écharpe et le feutre ombragé du plumet tricolore et qu'il devait endosser pour entraîner les hésitants et donner une sanction à l'émeute.

Mais la mèche fut éventée et Levasseur réintégré dans la chambre, que dans la langue ampoulée du temps, on appelle un cachot.

Il eut là, raconte-t-il dans ses *Mémoires*, un réel moment de désespoir, il pensa à s'ouvrir la gorge. Mais la réflexion, et une lettre qu'il reçut, où on lui donnait de bons renseignements sur les démarches tentées en sa faveur, le firent se rattacher à la vie et il résolut de « ne pas imiter « Caton. »

Le 13 Vendémiaire le rendit à la liberté, mais désormais son rôle politique était fini. Aussi est-ce simplement pour être complet autant que possible que nous ajouterons quelques renseignements.

Attristé de sa chute (c'est en nous plaçant à son point de vue que nous employons un mot réservé d'ordinaire à de plus illustres infortunes), il résolut de revenir au Mans. Indépendamment d'autres considérations, ses intérêts, dont il ne fut jamais en somme, nous l'avons vu, si détaché que l'on veut bien dire, l'y rappelaient. Il avait, en effet, acquis la terre de l'Epine, dépendant de l'abbaye du Pré, et vendue comme bien national, — c'est-à-dire à fort bon compte.

Certaines relations anciennes lui valurent le poste de médecin en chef de l'hospice et des prisons ; en outre il restaura la chaire d'accouchement dont il devint titulaire.

Certes, on le voit, il avait de quoi s'occuper, mais cela ne suffisait point à son esprit inquiet et il fit si bien que bientôt des dissentiments s'élevèrent entre lui et M. Auvray, premier préfet de la Sarthe.

Ces petites luttes de clocher auraient peu d'intérêt après les scènes orageuses et autrement grandioses que nous avons retracées ou plutôt esquissées.

Autour de lui s'étendait une sorte de crainte et de répulsion dont on trouverait encore les traces dans notre population, et il se trouvait isolé dans un cercle de mépris formé autour de lui. Nous tenons d'un témoin oculaire, vieillard revenu de toute passion, qu'il fut, un jour dans la rue de la Perle, au Mans, assailli par une grêle de pierres que lui lançait une foule du sein de laquelle s'échappaient des reproches sanglants, dominés par l'épithète de « boucher » que les habitants des Ardennes avaient les premiers accolée à son nom. Les écrits laissés par M. de la Crochardière, ancien maire du Mans, confirment tous ces faits, et nous trouvons le passage suivant dans une brochure publiée par le fils de Levasseur en 1862 : « Une « femme nommée Pocheton, aubergiste « sur la place des Halles, s'écria en voyant « mon père descendre de la voiture pu- « blique qui revenait de Paris : « Tiens, « voilà ce Levasseur, ce boucher de « Sedan .. »

On ne saurait dire que c'est là l'œuvre des *ci-devants* qui usaient ainsi de représailles. Lui-même constate à la fin de ses MÉMOIRES qu'ils furent pour lui pleins d'indulgence, grâce sans doute à son âge, et ne tentèrent point de se venger. Pour le prouver, il nous suffira de relater en quelques lignes le dernier épisode marquant de cette vie si agitée.

Les derniers débris de l'armée vendéenne, organisés en bandes sous le nom de *chouans*, luttaient encore dans nos contrées avec une constance infatigable.

Une troupe assez forte envahit Le Mans et un combat, pour mieux dire une escarmouche, s'engage dans les rues. En entendant les coups de fusil, Levasseur qui habitait alors l'hôpital, s'arme à la hâte et, suivi de sa femme, s'engage dans la rue du Vert-Galant pour se rendre au lieu où l'on devait être aux prises.

En débouchant sur la place des Halles, il est salué par un feu de peloton auquel il ne trouve moyen d'échapper qu'en se réfugiant dans le corps de garde de La Visitation.

Il était là peu en sûreté ; aussi apercevant une porte qui donnait accès dans un préau à l'extrémité duquel était située une cave, s'empressa-t-il de profiter de cette issue pendant que sa femme tremblante était recueillie par le concierge de l'ancien couvent.

Dans les bâtiments se trouvaient alors détenus un certain nombre de royalistes, otages fournis précédemment par les chouans à la suite d'une trêve. Tous avaient vu passer Levasseur, tous l'avaient reconnu, tous savaient où il se cachait, cependant personne n'indiqua sa retraite à ceux qui étaient à sa poursuite.

Le soir venu et lorsque tout danger eut disparu, un des gentilshommes détenus alla prévenir Levasseur qu'il pouvait sortir sans crainte. C'était M. Menjot d'Elbenne, que Levasseur appelle de Baine dans ses *Mémoires*. Poussant jusqu'au bout la générosité, en même temps qu'il lui apprenait que sa maison avait été pillée, celui qui devait être son ennemi lui offrait à titre de prêt, remboursable à une échéance facultative, une somme de vingt-cinq louis pour parer aux premiers besoins.

S'il eût été possible de toucher l'ex-conventionnel on avouera que ce trait était bien propre à le faire. Mais Levasseur, ainsi que nous l'avons dit, était un homme inaccessible à tout changement ; tel nous l'avons vu au Mans à l'aurore de la Révolution, devançant dans ses aspirations les plus audacieux novateurs, tel il s'est montré aux armées et à la Convention toujours rigide, toujours implacable, tel on le retrouve à Bruxelles alors qu'il fut proscrit en 1815.

Alors, courbé par l'âge, marqué d'une sorte de réprobation, presque indigent, il a conservé toute sa superbe. Mort à près de quatre-vingt dix ans, il n'a désavoué aucun de ses actes, il n'a rien renié de son passé. Certains lui en feront un mérite, ils loueront cet homme qui a plié devant la dictature des masses à la recherche de la popularité de n'avoir pas plié devant les cris de sa conscience.

Et pourtant s'il en avait une...?

LINUS LAVIER.

Le Mans. — Impr. E. CHAMPION.

www.ingramcontent.com/pod-product-compliance
Ingram Content Group UK Ltd.
Pitfield, Milton Keynes, MK11 3LW, UK
UKHW022131190726
13855UKWH00003B/1098